BEI GRIN MACHT SICH IHR WISSEN BEZAHLT

- Wir veröffentlichen Ihre Hausarbeit,
  Bachelor- und Masterarbeit

- Ihr eigenes eBook und Buch -
  weltweit in allen wichtigen Shops

- Verdienen Sie an jedem Verkauf

Jetzt bei www.GRIN.com hochladen
und kostenlos publizieren

Anonym

Das Geschäftsmodell Pay-TV. Eine darstellende ökonomische Analyse der Funktionsweise, Möglichkeiten und Erfolgsfaktoren

GRIN Verlag

Bibliografische Information der Deutschen Nationalbibliothek:

Die Deutsche Bibliothek verzeichnet diese Publikation in der Deutschen National-
bibliografie; detaillierte bibliografische Daten sind im Internet über http://dnb.d-
nb.de/ abrufbar.

Impressum:

Copyright © 2015 GRIN Verlag GmbH
Druck und Bindung: Books on Demand GmbH, Norderstedt Germany
ISBN: 978-3-656-94052-4

Dieses Buch bei GRIN:

http://www.grin.com/de/e-book/296243/das-geschaeftsmodell-pay-tv-eine-darstel-
lende-oekonomische-analyse-der

GRIN - Your knowledge has value

Der GRIN Verlag publiziert seit 1998 wissenschaftliche Arbeiten von Studenten, Hochschullehrern und anderen Akademikern als eBook und gedrucktes Buch. Die Verlagswebsite www.grin.com ist die ideale Plattform zur Veröffentlichung von Hausarbeiten, Abschlussarbeiten, wissenschaftlichen Aufsätzen, Dissertationen und Fachbüchern.

Besuchen Sie uns im Internet:

http://www.grin.com/

http://www.facebook.com/grincom

http://www.twitter.com/grin_com

FOM Hochschule für Oekonomie & Management Essen

Standort Düsseldorf

Berufsbegleitender Studiengang zum Bachelor of Business Administration

5. Semester

Seminararbeit in Medien- und Kommunikationsindustrie

Das Geschäftsmodell Pay-TV.
Eine darstellende ökonomische Analyse

Abgabedatum: 27.01.2015

Inhaltsverzeichnis

I

Abbildungsverzeichnis

Abkürzungsverzeichnis

AG	Aktiengesellschaft
bzw.	beziehungsweise
GmbH & Co. KG	Gesellschaft mit beschränkter Haftung & Compagnie Kommanditgesellschaft
HD	high-definition (englisch für hohe Auflösung)
Mio.	Millionen
Mrd.	Milliarden
Plc.	Limited Company (englisch für haftungsbeschränktes Unternehmen)
Prof.	Professor
TV	television (englisch für Fernsehen/Fernsehgerät)
u. a.	unter anderem

1. Einleitung

Als Auswuchs des digitalen Zeitalters mit seinen umfangreichen Entwicklungs- und Innovationsmöglichkeiten schreitet seit Beginn der 1980er Jahre das Geschäftsfeld des Pay-TV zunehmend voran. Während in den deutschen Anfängen (seit 1991) die tragende Säule des Pay-TV die Übertragung der Fußball Bundesliga war, lässt ich vor allem in den letzten Jahren eine rasante Erschließung neuer Geschäftsfelder feststellen.

Ziel dieser Arbeit ist es, die Geschäftsformen des Pay-TV vorzustellen und am Beispiel des deutschen Platzhirsches Sky Deutschland AG eine ökonomische Analyse von deren Funktionsweise, Erfolgsfaktoren und Möglichkeiten durchzuführen. Eine pauschale ökonomische Analyse des Geschäftsmodells Pay-TV ist im Rahmen dieser Arbeit aufgrund der Vielzahl an Geschäftsformen und -akteuren nicht möglich. Folglich liegt der Fokus auf der am deutschen Markt agierenden Sky Deutschland AG.

Zunächst werden dazu im zweiten Kapitel Definitionen erläutert und verschiedene Geschäftsformen des Pay-TV skizziert. Im dritten Kapitel wird ein Überblick über die Bedeutung von Pay-TV am deutschen Markt geschaffen. Der Hauptteil befasst sich mit der ökonomischen Analyse der Sky Deutschand AG in Anlehnung an das Geschäftsmodell von Stähler. Abschließend werden die Ergebnisse des Hauptteils zusammengefasst und mögliche zukünftige Potentiale und Risiken des Pay-TV am Beispiel der Sky Deutschland AG aufgezeigt.

2. Definition des Pay-TV und seine Geschäftsformen

Eine klare Abgrenzung zwischen Free-TV und Pay-TV stellt sich als problematisch dar. Dem Wortlaut nach unterscheiden sich beide darin, dass Konsumenten des Pay-TV nur gegen ein Entgelt Zugang zum Programm erhalten, wohingegen Free-TV gebührenfrei zugänglich ist. Folglich könnte man dem Pay-TV auch das öffentlich-rechtliche Fernsehen zuordnen, da eine Pflicht zur Entrichtung der Rundfunkgebühr besteht. Der Unterschied liegt jedoch darin, dass die Rundfunkgebühr gezahlt werden muss, das Abschließen eines Pay-TV Vertrages aber auf freiwilliger Basis beruht.[1]

Das Geschäftsmodell Pay-TV lässt sich weiter in verschiedene Angebotsmodelle kategorisieren. Die meist verbreiteten Modelle werden im Folgenden skizziert. Zahlt der Rezipient ein monatliches Entgelt und kann dafür ein für sich passendes Programmbouquet zusammenstellen, wird von Pay-Per-Channel gesprochen.[2] Ein klassisches Beispiel hierfür sind die diversen Sport- und Filmpakete der Sky Deutschland AG, welche frei nach Konsumentenwunsch kombiniert werden können. Des Weiteren werden von vielen privaten Fernsehsendern im Rahmen des Selektionsmodells kostenpflichtige Spartenprogramme angeboten. So ergänzten viele der frei empfangbaren und etablierten Sender ihr Angebot um Bezahlsender wie RTL Crime oder Sat1Gold.[3] Der zu Beginn werbefinanzierte Musiksender MTV überführte sogar sein komplettes Programm ins Bezahlfernsehen.[4] Ein anderes Angebotsmodell ist die optionale Zubuchung von hochauflösender HD-Qualität. Gegen ein jährliches Entgelt kann der Konsument private Sender wie Pro7 in HD-Qualität und nicht standardmäßig in SD-Qualität schauen.[5] Auch gibt es die Möglichkeit einer transaktionsbasierten Mediennutzung, hierbei kann der Nutzer gegen ein gewisses Entgelt bei einer von ihm ausgewählten Sendung zuschalten, dieses Verfahren nennt man Pay-Per-View.[6] Mit Zunahme der bedeutend leistungsfähigeren Breitband-Internetverbindung in deutschen Haushalten erhöhte sich auch das Angebot an *Video-on-Demand-Plattformen* wie Netflix oder Amazon Instant Video.[7] Entweder zahlt der Konsument eine monatliche Gebühr und hat somit zeit- und

---

[1] Wirtz, B. (2013), Seite 429.
[2] Vgl. Gabler Lexikon Medienwirtschaft (2011), Seite 493; Wirtz, B. (2013), Seite 430.
[3] Vgl. Die Medienanstalten: Jahrbuch 12/13, Seite 46.
[4] Vgl. Die Medienanstalten: Jahrbuch 10/11, Seite 47 f.
[5] Vgl. Die dritte Säule: Wirtschaftsfaktor Pay-TV, Seite 12.
[6] Wirtz, B. (2013), Seite 430.
[7] Vgl. Die Medienanstalten: Jahrbuch 13/14, Seite 87.

konsumunabhängig Zugriff auf eine Online-Videothek, bestehend aus diversen Spielfilmen und Serien oder es erfolgt je nach Nutzen eine einzelne Abrechnung.[8] Angelehnt an dieses Modell ist noch das *Near-Video-on-Demand-Verfahren* zu nennen. Die Sendungen sind jedoch nicht zeitunabhängig abrufbar. Sie werden zeitversetzt wiederholt, sodass der Konsument aus verschiedenen Startzeitpunkten wählen kann.[9]

3. Einordnung des Pay-TV in den deutschen Fernsehmarkt

Fernsehen versteht sich im Hinblick auf 38,9 Mio. Haushalte mit TV-Anschluss und bei einer Gesamtzahl von 53,3 Mio. Fernsehgeräten in Deutschland als Massenmedium.[10] Die deutsche Fernsehlandschaft lässt sich dabei grundsätzlich in drei Bereiche kategorisieren, gebührenbasiertes (öffentlich-rechtliches) Fernsehen, rein werbebasiertes Fernsehen sowie das Bezahlfernsehen (Pay-TV). Das gebühren- und rein werbebasierte Fernsehen nimmt dabei zweifelsohne den Löwenanteil/Hauptanteil des Marktes ein. So erwirtschafteten diese beiden Bereiche zu etwa gleichen Teilen im Jahr 2013 einen Umsatz von ca. 8,847 Mrd. Euro[11] und machten damit 82,2 Prozent des gesamten deutschen Fernsehmarktes aus. Von dem vermeintlich geringen Umsatz von ca. 1,911 Mrd. Euro[12] der Pay-TV Sparte und dem daraus resultierenden Gesamtmarktanteil von 17,8 Prozent sollte man sich jedoch nicht täuschen lassen. Der Umsatz des gebühren- und werbebasierten Fernsehens stagniert seit Jahren bei ca. 8,5 Mrd. Euro bei sinkendem Gesamtmarktanteil (siehe Abbildung 1).[13] Dieser sinkende Marktanteil bei gleichbleibenden Umsatzzahlen lässt sich nur durch das Wachstum im Pay-TV Bereich erklären. So sind seit dem Jahr 2009 im Bezahlfernsehen durchgehend Wachstumsraten von jährlich mehr als 10 Prozent zu verzeichnen.[14] Es lassen sich durchaus daraus schon Indizien für einen beginnenden bzw. bereits begonnenen Vormarsch des Pay-TV finden. Auch kann hinsichtlich der stetig steigenden Abonnentenzahlen belegt werden, dass Pay-TV mehr und mehr Anklang in Deutschland findet (siehe Abbildung 2).[15]

---

[8] Vgl. Gabler Lexikon Medienwirtschaft (2011), Seite 641.
[9] Vgl. Gabler Lexikon Medienwirtschaft (2011), Seite 438.
[10] Vgl. Die Medienanstalten: Digitalisierungsbericht 2014, Seite 10 ff.
[11] Vgl. Die Medienanstalten: Jahrbuch 13/14, Seite 68.
[12] ebd.
[13] ebd.
[14] ebd.
[15] Vgl. VPRT: Pay-TV in Deutschland 2014, Seite 10.

4. Ökonomische Analyse des Geschäftsmodelles Pay-TV am Beispiel Sky

Nachfolgend wird im Kernteil dieser Arbeit eine ökonomische Analyse des Geschäftsmodelles Pay-TV am Beispiel der Sky Deutschland AG durchgeführt. Der eigentliche Fernsehsender, die Sky Deutschland Fernsehen GmbH & Co. KG, versteht sich als 100-prozentige Tochtergesellschaft der Sky Deutschland AG.[16] Diese wiederum ist mit Beschluss der Aktionärs-Hauptversammlung vom 9. Juli 2009 aus der ehemaligen Premiere AG entstanden.[17] Seit Anfang 2015 liegen 95 Prozent der Aktienanteile der Sky Deutschland AG bei der britischen Muttergesellschaft Sky Plc., welche von dem amerikanischen Medienmogul Rupert Murdoch gegründet wurde[18]. Der Umsatz der Sky Deutschland AG belief sich im Geschäftsjahr 2013 auf ca. 1,546 Mrd. Euro.[19] Damit wird rund 81 Prozent des Umsatzes des Pay-TV Marktes in Deutschland von diesem Bezahlfernsehanbieter erzielt (Gesamtumsatz Pay-TV siehe oben). Die Sky Deutschland AG eignet sich jedoch nicht nur aufgrund der Branchendominanz als Beispiel für die ökonomische Analyse des Pay-TV Marktes, sondern besticht vielmehr durch ein breit aufgestelltes Angebotskonzept. So liegt der Ur- und Schwerpunkt dieses Unternehmens ohne Frage im klassischen Programmbouquet. Jedoch wurde kurz nach der Umbenennung des Unternehmens im Jahr 2009 das Angebot mit dem Produkt Sky Select in Richtung *Video-on-Demand* erweitert.[20] Mit diesem Service hat der Konsument die Möglichkeit, Kinofilme mit Verkaufsstart der DVD mittels einer Zusatzgebühr auf dem Endgerät zu schauen. Rein technisch wird hierbei das vorhandene TV-Signal benutzt.[21] Ferner lässt sich auch unternehmerische Tätigkeit von der Sky Deutschland AG im Bereich des HD-Angebotes beobachten. So kann der Sky Kunde gegen ein zusätzliches Entgelt ein HD-Paket buchen und so das Sky Angebot in hochauflösender Qualität schauen bzw. die ansonsten nur in SD-Qualität verfügbaren werbefinanzierten Fernsehsender in HD-Auflösung konsumieren.

---

[16] Vgl. Sky Deutschland AG Geschäftsbericht Rumpfgeschäftsjahr 2014, Seite 60.
[17] Vgl. Sky Deutschland AG Geschäftsbericht 2009, Seite 33.
[18] Vgl. http://www.handelsblatt.com/unternehmen/it-medien/bezahlsender-sky-deutschland-naehert-sich-boersenabschied/11198568.html, Stand 11.01.2015.
[19] Vgl. Sky Deutschland AG Geschäftsbericht 2013, Seite 4.
[20] Vgl. Die dritte Säule: Wirtschaftsfaktor Pay-TV, Seite 20.
[21] Vgl. Messner, H. (2013), Seite 56.

Die nachfolgende Analyse stützt sich mithin auf den die Gesamtbranche am besten abbildenden Akteur (Sky Deutschland AG), über den es ferner aufgrund der langen Historie und der allgemeinen Popularität die gesichertsten Daten und Quellen gibt.

4.1 Funktionsweise und Erfolgsfaktoren

Für eine treffende ökonomische Analyse eines jeden Geschäftsmodelles bedarf es einer chronologischen Vorgehensweise. Dies beinhaltet im ersten Schritt vor allem auch die korrekte Definition des Begriffes Geschäftsmodell bzw. das Verständnis über die Motive und Ziele eines solchen Modelles. Dieser Schritt ist jedoch vor dem Hintergrund des Vorhandenseins von unzähligen verschiedenartigen Definitionen und Verständnissen komplex. Ihren Ursprung finden alle Bemühungen zur Entwicklung solcher Modelle in dem Bedürfnis/Verlangen danach, die Gründe für unternehmerischen Erfolg oder Misserfolg zu verstehen und somit für eine höhere Berechenbarkeit zu sorgen.[22] Die Umsetzung und vor allen Dingen die Bewertung und Gewichtung der einzelnen Schlüsselfaktoren innerhalb der Modelle ist – unter Zugrundelegung der verschiedenen Ziele – hingegen sehr unterschiedlich und strittig. Konsens besteht darin, dass es sich um eine modellhafte Darstellung der Grundprinzipien eines Unternehmens handelt, nach denen es Werte schafft, vermittelt und erfasst.[23] Mit dieser Definition geht eindifferenziertes und vielschichtiges Verständnis einher, welches einer Vielzahl von Aspekten Rechnung tragen und zu einer möglichst allgemeingültigen Analyse für die Branche Pay-TV kommen kann. Die Analyse schenkt den branchenspezifischen Besonderheiten im besonderen Maße Aufmerksamkeit und wird angelehnt an das sich auf drei Säulen stützende Geschäftsmodell nach Stähler. Durch die Bereiche des Nutzenversprechens (Value Proposition), der Architektur des Leistungserstellungsprozesses (interne wie externe Architektur) und des Ertragsmodelles kann am ehesten eine differenzierte Betrachtung gewährleistet werden.[24]

Das Wertangebot (Value Proposition) welches den Nutzen für den Kunden und die Wertschöpfungspartner abbildet, besteht für die Kunden der Sky Deutschland AG sicherlich im Kern noch in der Befriedigung des Bedürfnisses an exklusiven Inhalten, insbesondere der Übertragung von Sportereignissen, allen voran die Livekonferenz der

---

[22] Vgl. Schallmo, D. (2013), Seite 90.
[23] Vgl. Osterwalder, A. Pigneur, Y. (2011), Seite 18.
[24] Vgl. Stähler, P. (2002), Seite 42.

Fußball Bundesliga.[25] Das sieht man alleine daran, dass ein Großteil der Gesellschaft weiterhin den Begriff „Sky" mit der Liveübertragung der Bundesliga gleichsetzt.[26] Jedoch ist das Angebot in den vergangen Jahren rasant gestiegen. So wurde über die Möglichkeit der Buchung des HD-Paketes oder die frühzeitige Ausstrahlung von Blockbustern, nicht zuletzt auch unter Hinzunahme der (Near-)Video-on-Demand Technologie, der potentielle Kundenkreis erheblich erweitert.[27] Die Marke „Sky" hat sich vom einstigen Anbieter für den Fußballfan zum Qualitätsfernsehanbieter für die ganze Familie entwickelt. Nicht zuletzt tragen dazu auch verringerte Werbezeiten gegenüber den GEZ- oder werbefinanzierten Anbietern bei. Technische Hardware wie beispielsweise der Festplattenrekorder erhöht den Fernsehkomfort weiter. Mit ansteigenden Abonnenten- und Umsatzzahlen (siehe Abbildung 1 und 2) geht eine gesteigerte Attraktivität für den zweiten Teil der Value Proposition, die Wertschöpfungspartner, einher. Die Zulieferer können einen erhöhten Absatz verzeichnen, die Lizenzgeber haben einen zunehmend stärker werdenden Partner an der Seite, der durch ein erhöhtes Massengeschäft auch höhere Gebühren tragen kann. Insbesondere können sich die Wertschöpfungspartner auch auf eine gesteigerte Planungssicherheit berufen. Die Geschäftstätigkeit hat sich in den letzten Jahren derart gefestigt, dass die Wahrscheinlichkeit von Ausfallrisiken und unerwarteten Einbrüchen deutlich minimiert ist. Im Hinblick auf den Aspekt der Value Proposition muss man dem Geschäftsmodell der Sky Deutschland AG eine positive Beurteilung zusprechen.

Die Architektur der Wertschöpfung respektive des Leistungserstellungsprozess orientiert sich im Allgemeinen an dem Ziel, sowohl für den Kunden als auch für alle Wertschöpfungspartner den versprochenen Nutzen adäquat umzusetzen.[28] Ferner definiert die Architektur der Wertschöpfung auch den Produkt- bzw. Marktentwurf.[29] Dieser legt fest, in welchem Rahmen der Kunde in die Wertschöpfung integriert wird und welches Produkt oder Produktbündel in welchem Marktsegment angeboten wird. Die Sky Deutschland AG bietet dem Kunden die Möglichkeit, sich aus einer Reihe von Standardprodukten (diverse Programmpakete) ein individuelles Programm zusammenzustellen. Bei dieser Form der Kundenintegration wird von „match-to-order"

---

[25] Vgl. Stähler, P. (2002), Seite 42 f.
[26] Vgl. Messner, H. (2013), Seite 116 f.
[27] Vgl. Sky Deutschland AG Präsentation vorläufige Ergebnisse Q1 2014/15, Seite 7.
[28] Vgl. Stähler, P. (2002), Seite 43.
[29] ebd.

oder „bundle-to-order" Produkten gesprochen.[30] Der Endkunde gewinnt so den Eindruck, dass das Unternehmen in der Lage ist, jedem Konsumenten eine individuelle Lösung anzubieten. Durch diese hohe Variantenvielfalt differenziert sich die Sky Deutschland AG maßgeblich von anderen Wettbewerbern. So bieten andere Anbieter zwar ähnliche Video-on-Demand-Plattformen oder Spartenprogramme an, die Möglichkeit der Kombination beider Bereiche bringt die Sky Deutschland AG jedoch in eine monopolistische Stellung. Darüber hinaus beschränkt das Unternehmen das Angebot nicht auf einzelne Marktsegmente, sondern bedient neben dem privaten auch den gewerblichen Markt.[31] Vor allem aber die Auswahl an Programmen im privaten Markt ist vielschichtig. Zum einen gibt es spezielle genderspezifische Kanäle, zum anderen aber auch Sender, die sehr auf jüngere bzw. ältere Zielgruppen ausgerichtet sind (Disney Junior oder Discovery Channel).

Neben dem Produkt- bzw. Marktentwurf wird bei der Architektur der Wertschöpfung weiter zwischen interner und externer Architektur differenziert. Während die externe Architektur die Außenbeziehungen zu Kunden und Wertschöpfungspartner beschreibt, gibt die interne Architektur u. a. Aufschluss über die Ressourcen innerhalb des Unternehmens.[32] Ziel dieses Bereiches ist es, den Produkt- bzw. Marktentwurf umzusetzen, um so wiederum den versprochenen Kundennutzen zu gewährleisten.[33] Hauptbestandteil der Ressourcen eines Unternehmens sind die strategischen Vermögenswerte und die Kernkompetenzen.[34] Wie den Geschäftsberichten der Sky Deutschland AG entnommen werden kann, sind in jedem Fall die alleinigen Vermarktungsrechte der Liveübertragungen der Fußball Bundesliga die wichtigsten Vermögenswerte. Die Kosten für die Übertragungsrechte einer Saison betrugen im Jahr 2013 486 Mio. Euro, was einen Anteil von 32,15 Prozent an den gesamten operativen Kosten der Sky Deutschland AG ausmachte[35]. Dennoch bleibt die Fußball Bundesliga absoluter Umsatz-Trigger und Hauptgrund für Abonnenten einen Sky Vertrag abzuschließen (siehe auch Ertragsmodelle, Seite 10/11). Insgesamt beliefen sich die Kosten im Geschäftsjahr 2013/2014 für die Erstellung des Programmes auf 965,8 Mio. Euro, was einen Anteil von 56 Prozent ausmach-

---

[30] Gausmann, O. (2008), Seite 78 f.
[31] Vgl. Die dritte Säule: Wirtschaftsfaktor Pay-TV, Seite 18.
[32] Vgl. Stähler, P. (2002), Seite 44 ff.
[33] ebd.
[34] ebd.
[35] Vgl. http://www.handelsblatt.com/unternehmen/it-medien/uebertragungs-rechte-die-bundesliga-bleibt-bei-sky-und-der-sportschau/6519690.html, Stand 11.01.2015; Sky Deutschland AG Geschäftsbericht 2013, Seite 4.

te.[36] Weitere Kostenträger waren mit 252,7 Mio. Euro vor allem Vertriebskosten, respektive mit 100,9 Mio. Euro Kosten für den Kundenservice.[37] Aus der Kostenstruktur lässt sich entnehmen, dass ein Großteil der Gesamtkosten der Sky Deutschland AG darauf entfällt, dem Konsumenten eine optimale Bedürfnisbefriedigung zu ermöglichen. Auch der Bereich der Kernkompetenzen der Sky Deutschland AG fokussiert sich trotz wachsendem Video-on-Demand-Angebot auf die Vermarktung und Ausstrahlung von Sportereignissen. Die externe Architektur des Unternehmens definiert sich auf der Kundenseite vor allem über die Speicherung und Auswerten der vom Konsumenten angeschauten Inhalte. Basierend auf diesen Informationen werden dem Kunden Inhalte wie zum Beispiel Filme oder Serien vorgeschlagen, die ihn ebenfalls interessieren könnten. Darüber hinaus wird dem Nutzer ein breites Spektrum an zusätzlichen technischen Optionen geboten wie zum Beispiel der kostenlose Zusatzservice SkyGo oder die Möglichkeit einer zweiten Karte für das parallele Nutzen verschiedener Endgeräte.[38] Jedoch kam es vor allem in letzter Zeit zu regelmäßigen Ausfällen des SkyGo Services, was zu einem großen Imageverlust bei den Abonnenten führte.[39] Wertschöpfungspartner wie Lieferanten werden hinsichtlich der externen Architektur stark in den Prozess der Leistungserstellung eingebunden. So bietet die Sky Deutschland AG bei Neuabschlüssen von Verträgen häufig unentgeltlich einen Festplattenrekorder oder andere Hardware an, welche wiederum von dem Unternehmen fremdbezogen wird. Zusammenfassend lässt sich die Architektur der Wertschöpfung des Unternehmens Sky Deutschland AG grundsätzlich als positiv bewerten, wenngleich eine Häufung technischer Mängel zu weiteren Imageverlusten führen kann.

Neben der Value Proposition und der Architektur des Leistungserstellungsprozesses ist für eine ökonomische Analyse in Anlehnung an Stähler auch die Betrachtung der Ertragsmodelle zwingend erforderlich. Eine weitere Ausdehnung des Wertangebotes der Sky Deutschland AG ist ferner durch eine Besonderheit des Gutes Pay-TV quasi zwingend vorgegeben. Hierbei handelt es sich um ein sogenanntes Clubgut.[40] Diese Gütergruppe hat zwei Kerncharakteristika. Zum einen ist der Ausschluss von der Nutzung des

---

[36] Vgl. Sky Deutschland AG Medienmitteilung zu den vorläufigen Ergebnissen des Rumpfgeschäftsjahrs 2014, Seite 8.

[37] ebd.

[38] Wirtz, B. (2013), Seite 445.

[39] Vgl. http://www.handelsblatt.com/sport/fussball/nachrichten/sky-go-faellt-erneut-aus-pommesbude-in-rumaenien-mit-stabileren-servern/10934292.html, Stand 24.01.2015.

[40] Vgl. Kiefer, M. L., Steininger, C. (2013), Seite 135.

Gutes möglich, zum anderen besteht keine oder nur geringe Rivalität im Konsum.[41] Als Schulbeispiel für Clubgüter wird immer wieder das Fitnessstudio genannt. Es bedarf hier jedoch bei genauerer Betrachtung einer noch feineren Differenzierung. Im Gegensatz zum Fitnessstudio besteht beim Pay-TV nicht die Problematik der Kapazitätsgrenze. So bleibt dem Fitnessstudio bei voller Auslastung nur die Erweiterung um ein weiteres Gebäude oder gar die Eröffnung einer zweiten Filiale. Der Pay-TV Anbieter hat hingegen keine feste Kapazitätsgrenze und kann somit seine Infrastruktur mit steigender Kundenzahl kontinuierlich erhöhen. Diese Eigenschaft ist von großer Wichtigkeit für die ökonomische Analyse, denn damit geht die sogenannte Fixkostendegression einher.

Fixkosten (First Copy Kosten) machen bei Medienproduktionen, wie sie von der Sky Deutschland AG vorgenommen werden, einen Großteil der Gesamtkosten aus. Hingegen sind die Kosten für die individuelle Aussendung an den einzelnen Kunden verhältnismäßig gering.[42] Die bestehenden Fixkosten können somit bei einer ansteigenden Zahl von Abonnenten verteilt werden. Der Fixkostenanteil pro Nutzer sinkt. Eine logische Folge dieser Fixkostendegression ist die Bildung von Monopolen. Beck beschreibt dies wie folgt: „Wenn ein Unternehmen umso billiger anbieten kann, je mehr es produzieren kann, hat es Anreize, die Produktion so weit auszudehnen, bis die gesamte Nachfrage von ihm befriedigt werden kann. Mit anderen Worten: Mehrere Anbieter können gar nicht zusammen am Markt existieren, da aufgrund der sinkenden Durchschnittskosten nur Platz für einen Anbieter am Markt ist, der mit jeder Produktionsausweitung so lange seine Preise senken und damit die Konkurrenz aus dem Markt drängen kann, bis er den gesamten Bedarf alleine deckt."[43] Diese Aussage deckt sich mit dem realen Marktgeschehen und -verhältnissen.

Weiteren Aufschluss über die Einnahmequellen der Sky Deutschland AG liefert der Geschäftsbericht.[44] Den mit Abstand größten Anteil machen hierbei die Einnahmen durch Gebühren der Abonnenten aus. Im Geschäftsjahr 2013/2014 wurden mit 1504,9 Mio. Euro fast 91 Prozent des Gesamtumsatzes durch Abonnements erwirtschaftet. Der zweitgrößte Anteil lag lediglich bei 2,7 Prozent und entfiel auf Werbeeinnahmen (45,6 Mio. Euro).

---

[41] ebd.
[42] Vgl. von Rimscha, B., Siegert, G. (2015), Seite 34 f.
[43] Quelle Beck, H. (2011), Seite 25.
[44] Vgl. Sky Deutschland AG Medienmitteilung zu den vorläufigen Ergebnissen des Rumpfgeschäftsjahrs 2014, Seite 8.

4.2 Möglichkeiten und Ausblick

Trotz negativer Finanzergebnisse der letzten Jahre (bis 3. Quartal 2014) und einer Nettoverschuldung von 484 Mio. Euro lässt sich der Sky Deutschland AG ein hohes Maß an Wachstumspotential attestieren.[45] So konnte Sky Deutschland im 3. Quartal 2014 erstmals ein positives Nettoergebnis in Höhe von 12 Mio. Euro erzielen.[46] Die relativ hohe Nettoverschuldung ist vor allem darin begründet, dass stets versucht wurde und auch noch heute versucht wird, eine Innovationsführrerschaft anzustreben[47]. So ist das Unternehmen Vorreiter in der Ultra-HD Entwicklung und nahm im Dezember 2012 erstmalig in Deutschland ein Fußballspiel in Ultra-HD auf.[48] Ferner wird nahezu die gesamte Senderpalette in HD-Qualität, einige Programme werden sogar in 3D ausgestrahlt. Neben den technischen Entwicklungsmöglichkeiten in Bezug auf die Bildqualität bietet gerade der Markt der Video-on-Demand-Lösungen oder des zeitgleichen Streamings von Fußballspielen großes Potential. Bei Letztgenanntem besteht allerdings die Gefahr, dass aufgrund technischer Störungen die negative Imagewirkung den positiven Effekt der zunehmenden Technologisierung reduziert. Ferner besteht die Gefahr, dass mit der Einführung einer Flatratedrosselung einiger Internetanbieter deutsche Haushalte in ihrer Breitbandverbindung beschnitten werden könnten, sodass eine problem- und endlose Nutzung des Video-on-Demand-Angebotes möglicherweise nicht mehr gewährleistet werden kann. Dieses Risiko ist allerdings als eher gering einzuschätzen, da eine erste Drosselung seitens des Kölner Landgerichtes zunächst gerichtlich untersagt wurde.[49] Einhergehend mit dem allgemeinen Trend in der Bevölkerung, immer flexibel sein zu wollen, steigen zunehmend die Abonnenten- und Umsatzzahlen der Video-on-Demand-Anbieter.[50] Aus heutiger Sicht verspricht der Pay-TV Markt in jedem Fall ein enormes Wachstumspotential, vor allem in Hinblick auf Video-on-Demand-Plattformen.[51]

---

[45] Vgl. Sky Deutschland AG Präsentation vorläufige Ergebnisse Q1 2014/15, Seite 7.

[46] Vgl. Sky Deutschland AG Präsentation vorläufige Ergebnisse Q1 2014/15, Seite 5.

[47] Vgl. Sky Deutschland AG Medienmitteilung zu den vorläufigen Ergebnissen des Rumpfgeschäftsjahrs 2014, Seite 5.

[48] Vgl. Sky Deutschland AG Geschäftsbericht 2012, Seite 62.

[49] Vgl. LG Köln, Beschluss vom 30.10.2013, Az. 26 O 211/13.

[50] Vgl. Die Medienanstalten: Jahrbuch 13/14, Seite 86 f.; Vgl. Der Videomarkt 2013, Seite 23.

[51] Vgl. http://www.goldmedia.com/uploads/media/Goldmedia-VoD-Forecast-2014-2019_1000px.jpg, Stand 26.01.2015

5. Fazit

Nach kurzer Einführung in die Thematik hinsichtlich zu klärender Definitionen und Erläuterung diverser Geschäftsformen befasst sich die vorliegende Arbeit im Kern mit der ökonomischen Analyse des Pay-TV am Beispiel des deutschen Marktführers Sky Deutschland AG. Von einer Übertragbarkeit auf andere Pay-TV Anbieter in Deutschland ist mithin nicht auszugehen, da die Sky Deutschland AG vor allem wegen der Erschließung differenzierter Geschäftsfelder und einer gewissen Marktmacht eine Ausnahmestellung einnimmt.

Das Unternehmen schafft es, die Primärbedürfnisse sowohl seiner Kunden als auch der Wertschöpfungspartner zu befriedigen. Steigende Absatzzahlen bei den Abonnements belegen zum einen das zunehmende Bedürfnis des Konsumenten an exklusiven und selektiven TV-Inhalten. Zum anderen geht damit auch eine Steigerung der Absatzzahlen der Lieferanten einher. Hinsichtlich der Value Proposition muss der Sky Deutschland AG eine positive Beurteilung zugesprochen werden. Auch auf Seiten der internen wie externen Architektur des Leistungserstellungsprozesses ist das Unternehmen gut aufgestellt. Durch das Anstreben der Technologieführerschaft und die fortlaufende Erschließung neuer Geschäftsfelder positioniert sich das Unternehmen sehr gut am Markt. Trotz negativer Geschäftsabschlüsse in den letzten Jahren runden die gewaltigen Entwicklungsmöglichkeiten der Bildqualitäten respektive des Video-on-Demand-Marktes das positive Bild der Sky Deutschland AG ab. Hinderlich an einer weiteren positiven Entwicklung könnte jedoch die Zunahme an Ausfällen des SkyGo-Dienstes und die damit verbundenen negativen Imagewirkungen sein. Ferner könnte sich eine Durchsetzung der geplanten Flatratedrosselung einiger Internetanbieter negativ auf die Entwicklung des Unternehmens auswirken.

Zusammenfassend lässt sich der Sky Deutschland AG trotz einiger technischer Risiken ein enormes marktwirtschaftliches Potential zuschreiben.

Anhang

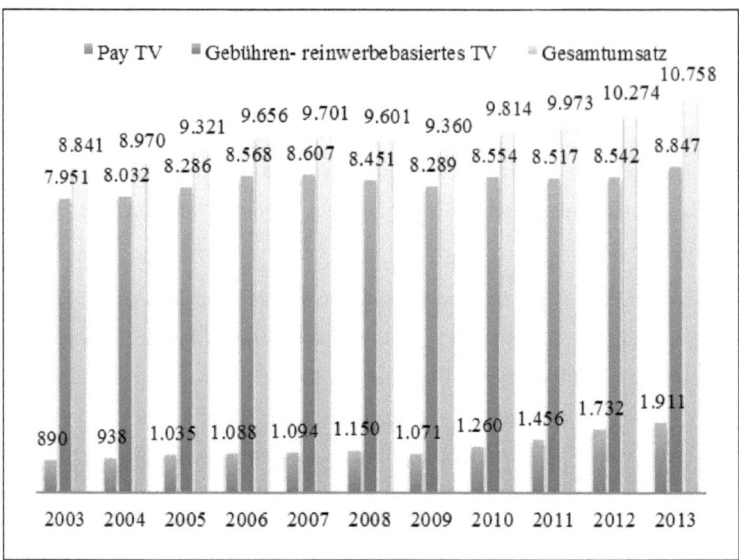

Abbildung 1. Umsatzentwicklung TV in Mio. Euro 2003 - 2013[52]

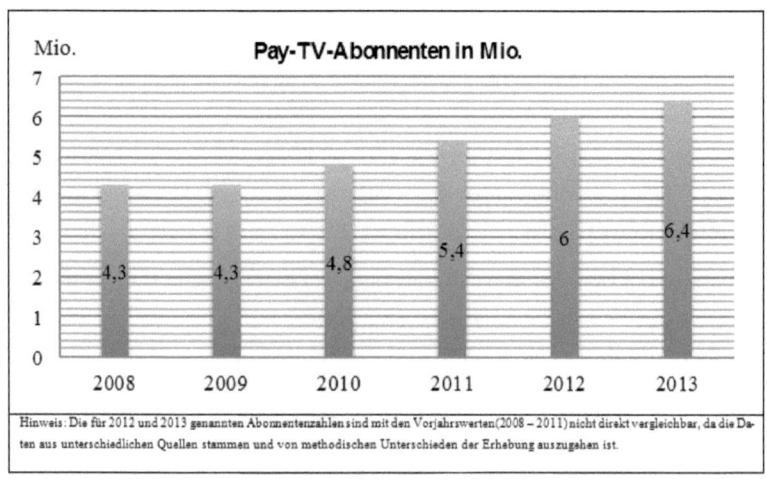

Abbildung 2. Pay-TV Abonnenten in Mio.[53]

---

[52] Quelle: Eigene Abbildung nach: Die Medienanstalten: Jahrbuch 13/14, Seite 68.
[53] Quelle: Eigene Abbildung nach: VPRT: Pay-TV in Deutschland 2014, Seite 10.

Literaturverzeichnis

Beck, H. (2011): Medienökonomie: Print, Fernsehen und Multimedia, 3. Aufl., Wiesbaden, 2013

Die medienanstalten – ALM GbR (Hrsg.) (2011): Jahrbuch 2010/2011: Landesmedienanstalten und privater Rundfunk in Deutschland, Berlin, 2011

Die medienanstalten – ALM GbR (Hrsg.) (2013): Jahrbuch 2012/2013: Landesmedienanstalten und privater Rundfunk in Deutschland, Berlin, 2013

Die medienanstalten – ALM GbR (Hrsg.) (2014): Jahrbuch 2013/2014: Landesmedienanstalten und privater Rundfunk in Deutschland, Berlin, 2014

Die medienanstalten – ALM GbR (Hrsg.) (2014): Digitalisierungsbericht 2014: Alles fließt! Neue Formen und alte Muster, Berlin 2014

Filmförderungsanstalt (FFA) (Hrsg) (2014): Der Videomarkt 2013, Berlin

Gausmann, O. (2008): Kundenindividuelle Wertschöpfungsnetze: Gestaltungsempfehlungen unter Berücksichtigung einer auftragsorientierten Produktindividualisierung, Wiesbaden, 2008

Handelsblatt (2012): Die Bundesliga bleibt bei Sky und der „Sportschau". URL: http://www.handelsblatt.com/unternehmen/it-medien/uebertragungs-rechte-die-bundesliga-bleibt-bei-sky-und-der-sportschau/6519690.html, Abruf am 11.01.2015

Handelsblatt (2015): Sky Deutschland nähert sich Börsenabschied. URL: http://www.handelsblatt.com/unternehmen/it-medien/bezahlsender-sky-deutschland-naehert-sich-boersenabschied/11198568.html, Abruf am 11.01.2015

HMR International GmbH & Co. KG (Hrsg) (2014): Die dritte Säule: Wirtschaftsfaktor Pay-TV: Die volkswirtschaftliche Bedeutung von Sky in Deutschland, Berlin, 2014

Kiefer, M. L., Steininger, C. (2014): Medienökonomik, 3. Aufl., München, 2014

Landgericht Köln (2013): Beschluss vom 30.10.2013, Az. 26 O 211/13

Messner, M. (2013): Pay-TV in Deutschland - Ein schwieriges Geschäftsmodell, Wiesbaden, 2013

Osterwalder, A., Pigneur, Y. (2011): Business Model Generation: Ein Handbuch für Visionäre, Spielveränderer und Herausforderer, Frankfurt, 2011

Reichwald, R., Piller, F. (2009): Interaktive Wertschöpfung: Open Innovation, Individualisierung und neue Formen der Arbeitsteilung, 2. Aufl., Wiesbaden, 2009

Schallmo, D. (2013): Geschäftsmodell-Innovation: Grundlagen, bestehende Ansätze, methodisches Vorgehen und B2B-Geschäftsmodelle, Wiesbaden, 2013

Sjurts, I. (2011): Gabler Lexikon Medienwirtschaft, 2. Aufl., Wiesbaden, 2011

Sky Deutschland AG (2010): Geschäftsbericht 2009

Sky Deutschland AG (2013): Geschäftsbericht 2012

Sky Deutschland AG (2014): Geschäftsbericht 2013

Sky Deutschland AG (2014): Geschäftsbericht Rumpfgeschäftsjahr 2014

Sky Deutschland AG (2014): Medienmitteilung zu den vorläufigen Ergebnissen des Rumpfgeschäftsjahrs 2014

Sky Deutschland AG (2014): Präsentation vorläufige Ergebnisse Q1 2014/15

Stähler, P. (2002): Geschäftsmodelle in der digitalen Ökonomie : Merkmale, Strategien und Auswirkungen, 2. Aufl., Lohmar, 2002

Verband Privater Rundfunk- und Telemedien e. V. (Hrsg.) (2014): Aktualisierter Marktüberblick zum Pressegespräch des VPRT Arbeitskreises Digital Pay-TV am 8. Juli 2014, Berlin

Von Rimscha, B., Siegert, G. (2015): Medienökonomie : Eine problematische Einführung, Wiesbaden, 2015

Wirtz, B. (2013): Medien- und Internetmanagement, 8. Aufl., Wiesbaden, 2013